AF355720

CONSEIL D'ÉTAT.

DISCUSSION
DU PROJET
DE CODE CIVIL.

N.º 13.

SÉANCE du 4 Vendémiaire, an 10 de la République.

LE PREMIER CONSUL préside la séance.

Les deux autres Consuls sont présens.

Le C. RÉAL présente le chapitre II du titre V, intitulé, *des Formalités relatives à la célébration du Mariage.*

L'article Ier est adopté ; il est ainsi conçu :
« Le mariage sera célébré publiquement, dans les
» formes ci - après établies. »

L'article II est soumis à la discussion ; il porte :
« Il sera célébré dans la commune où l'un des deux
» époux aura son domicile.
» Ce domicile, quant au mariage, s'établira par six
» mois d'habitation continue dans la même commune. »

Le PREMIER CONSUL demande pourquoi ce chapitre parle du domicile, puisque cette matière est réglée par un autre titre.

Le C. TRONCHET répond qu'il s'agit ici de la simple habitation, qui n'est pas toujours le domicile.

Le PREMIER CONSUL dit qu'il faut donc changer la rédaction, et ne parler que d'une habitation de six mois, afin que l'article n'apporte aucune modification aux dispositions sur le domicile.

A

Le C. MALEVILLE dit qu'il est nécessaire d'expliquer que la loi entend parler de la dernière résidence et d'une résidence continue.

Le C. TRONCHET répond que la rédaction ne laisse aucun doute à cet égard.

Le CONSUL CAMBACÉRÉS propose de réunir les articles I et II, en supprimant dans le I.er ces mots, *dans les formes ci-après établies.*

Le C. TRONCHET adopte cette proposition ; il préférerait cependant que l'article I.er se bornât à dire que le mariage sera célébré publiquement, et que l'article II indiquât le lieu où il sera célébré : ce sont en effet deux règles différentes.

Le C. RÉAL propose de rédiger ainsi :
« Le mariage sera célébré dans la commune où l'un
» des époux aura son domicile ; il pourra l'être également
» dans la commune où l'un des deux époux aura six mois
» d'habitation. »

Le C. BIGOT-PRÉAMENEU demande qu'on ne se serve pas du mot *pourra,* pour ne pas paraître déroger à la règle générale.

Le PREMIER CONSUL demande si une personne pourra célébrer son mariage dans le lieu de son domicile, quoique depuis six mois elle ait résidé ailleurs.

Le C. TRONCHET répond qu'elle le pourra, parce qu'on ne perd pas le droit de célébrer son mariage dans le lieu de son domicile, pour avoir acquis le droit de le célébrer ailleurs.

Le C. BIGOT-PRÉAMENEU observe que la célébration du mariage est entourée d'une plus grande publicité, lorsqu'elle est faite dans le lieu de la résidence.

Le C. TRONCHET répond que la publicité du mariage a pour objet de donner aux personnes intéressées à l'empêcher, le moyen de former leur opposition : or le domicile d'un homme est toujours plus certain et plus connu que sa résidence. La disposition qui permet de célébrer le mariage dans le lieu de la résidence n'est qu'une exception à la règle générale : d'ailleurs les publications sont faites et au lieu de la résidence et au lieu du domicile.

Le C. RÉAL observe que si l'on substitue dans l'article

le mot *habitation* au mot *domicile*, on renverse la jurisprudence reçue, parce qu'il est de principe que le domicile, par rapport au mariage, s'établit par six mois de
résidence.

Le C. TRONCHET répond que ce principe n'a été
introduit que pour garantir que le mariage serait célébré
en présence du propre curé. Cette raison ne subsiste plus;
les six mois de résidence ne sont exigés maintenant que
pour empêcher les mariages clandestins, faciliter les oppositions, et donner aux parens le temps de ramener des jeunes
gens que la passion égare.

Le PREMIER CONSUL dit que ce but ne serait
atteint qu'autant qu'on mettrait un intervalle d'un mois
entre la publication au lieu du domicile et le mariage;
car il est possible, par exemple, qu'un jeune homme
domicilié à Lyon forme une inclination à Paris; et qu'après
y être resté six mois, il envoie à Lyon la publication du
mariage qu'il projette, dans un temps tellement mesuré,
qu'aucune opposition ne puisse arriver à Paris avant qu'il
soit marié.

Le C. TRONCHET observe que les publications en-
traînent nécessairement un délai de treize jours; mais que
d'ailleurs le terme de six mois permet aux parens de
suivre la conduite de leurs enfans.

Le C. REGNAUD (de S.'-Jean-d'Angely) dit qu'en
autorisant les oppositions à la délivrance des certificats
de publication, on forcerait le fils à venir plaider en main-
levée au lieu où est le domicile du père, avant de passer outre
au mariage.

Le C. RÉAL dit que le mariage n'a une véritable publicité que dans le lieu où il est célébré.

Le C. REGNAUD (de Saint-Jean-d'Angely) répond
que par le fait cette publicité n'existe plus, puisqu'on
peut se présenter devant l'officier de l'état civil à toutes les
heures, que le public ne va pas voir célébrer les mariages,
et que la célébration ne demande qu'un moment.

Le PREMIER CONSUL dit que les oppositions sont
trop tardives si elles arrivent après le mariage; qu'il est
donc très-important de placer un délai entre les publications et la célébration.

Le C. TRONCHET dit qu'en effet un délai de treize

. jours n'est pas suffisant. Il voudrait qu'on fixât un délai plus long lorsque le mariage est célébré hors du lieu du domicile.

L'article est adopté sauf rédaction , et renvoyé au chapitre intitulé, *des Actes destinés à constater l'État civil.*

L'article III est soumis à la discussion ; il porte :
« La célébration du mariage sera précédée de deux » publications. »

Le C. BERLIER demande la suppression de cet article : ses dispositions se trouvent avec plus de détails dans le chapitre relatif aux actes de l'état civil ; il suffit donc de dire au commencement de l'article IV : « Les » deux publications ordonnées par l'article.... du » chapitre.... seront faites, &c. »
Cette proposition est adoptée.

L'article IV est adopté sauf rédaction ; il est ainsi conçu :
« Les publications seront faites dans la commune » où chacune des parties contractantes aura son do- » micile.
» Néanmoins, si le domicile actuel n'est établi que » par six mois de résidence , les publications seront » faites en outre dans la commune du dernier domicile.
» Si les parties contractantes, ou l'une d'elles, sont, » relativement au mariage , sous la puissance d'autrui, » les publications seront encore faites au domicile de » ceux sous la puissance desquels elles se trouvent. »

On passe à la discussion de l'art. V ; il porte :
« Le Gouvernement , ou ceux qu'il préposera à cet » effet, pourront, pour des causes graves , dispenser » desdites publications. »

Le C. BERLIER dit que la disposition de cet article est trop étendue : on doit craindre que les préposés du Gouvernement n'en abusent pour accorder indéfiniment des dispenses à tous ceux qui en solliciteront, et que par-là la plupart des mariages ne deviennent clandestins.

Le C. BOULAY dit qu'on préviendra cet abus par un réglement, lequel réservera au Gouvernement le pouvoir de dispenser des deux publications.

Le C. TRONCHET dit qu'autrefois l'on prenait des

dispenses par un sentiment d'orgueil ; on dédaignait de laisser prononcer publiquement son nom.

Ces motifs avaient rendu très-ordinaires les dispenses de deux publications au moins : mais ils n'existent plus ; et d'ailleurs le Projet exige des causes réelles et puissantes lorsqu'il dit , *pour causes graves.*

Les dispenses sont sur-tout nécessaires pour les mariages *in extremis.* On ne s'est pas encore prononcé sur ces sortes de mariages : or la question de leur validité se lie à celle des dispenses.

Le Projet devrait au surplus constituer le Gouvernement seul juge de la nécessité de dispenser des deux publications. La dispense de la seconde publication pourrait être abandonnée au préfet ; et ce serait ordinairement la seule qu'on solliciterait; car rarement le mariage est assez pressé pour qu'on ne puisse pas faire une publication.

Le C. RÉAL dit que ce cas est rare sans doute ; mais qu'il suffit qu'il soit possible, pour que la loi doive y pourvoir.

Quant aux mariages *in extremis ,* l'avis unanime de la section est qu'ils doivent être déclarés valables toutes les fois qu'ils n'ont pas été précédés de concubinage.

Mais il y a d'autres cas d'urgence dont on a déjà parlé. On a cité l'exemple d'un militaire , d'un ambassadeur , d'autres fonctionnaires qu'un ordre du Gouvernement force de partir sans délai , lorsqu'ils sont près de se marier.

La section , en rédigeant cet article , avait le projet de proposer un réglement qui établît d'abord quelles dispenses seraient délivrées par le Gouvernement, et qui fixât ensuite les causes pour lesquelles les dispenses pourraient être obtenues.

Le C. TRONCHET dit que la loi doit déclarer qu'au Gouvernement seul appartient de délivrer des dispenses dans tous les cas ; mais qu'il peut déléguer à des agens le pouvoir de dispenser de la seconde publication.

Le C. PORTALIS dit que si le Gouvernement seul délivre des dispenses, elles ne seront obtenues que par ceux qui l'approchent : cependant elles peuvent être nécessaires à toutes les classes de citoyens ; elles le sont par-tout où il y a urgence. L'opinion a fait justice de la manie de prendre des dispenses par ton ; mais il faut favoriser les mariages, et ne pas rendre l'obtention des dispenses impossible au plus grand nombre de ceux qui en ont besoin. Par exemple, les marins doivent trouver dans les ports la facilité de contracter mariage avant un départ précipité : les mœurs et l'honnêteté publique exigent aussi quelquefois qu'un mariage accéléré prévienne des scandales.

Le C. TRONCHET observe qu'il ne réserve au Gouvernement que la dispense des deux publications, parce qu'elle ne doit être accordée que dans des cas très-rares et pour les plus puissantes considérations ; mais que la dispense de la seconde publication pouvant être souvent nécessaire, elle serait accordée par des agens plus rapprochés de ceux qui ont besoin de l'obtenir.

Le C. BERLIER observe que néanmoins la réserve proposée par le C. *Tronchet* rendrait inutile, pour beaucoup de citoyens, la possibilité d'obtenir la dispense de la première publication. Ceux qui seraient éloignés de la ville où le Gouvernement réside, emploieraient souvent un mois à l'obtenir, tandis qu'il ne leur faut que treize jours pour remplir la formalité des deux publications.

Le C. REGNAUD (de Saint-Jean-d'Angely) doute que les dispenses soient nécessaires. Depuis plusieurs années on n'en accorde plus, et cependant personne ne réclame.

Le PREMIER CONSUL dit que la loi ne peut vouloir que les femmes soient victimes des formalités, et qu'elles perdent l'occasion de contracter un mariage convenable, parce que le temps manque pour remplir les formes. Il est assez dans les habitudes des hommes de ne terminer leurs affaires qu'au dernier moment. Ainsi, pour se régler sur ces habitudes, on doit établir que la dispense de la seconde publication sera accordée toutes les fois qu'on le jugera nécessaire : elle réduit le délai du mariage à trois jours, ce qui suffit ordinairement. A l'égard de la dispense des deux publications, il importe de déterminer les causes qui pourront la faire obtenir.

Le C. TRONCHET dit qu'elles ne sont nécessaires que dans le cas d'un ordre subit de départ.

Le PREMIER CONSUL ajoute que, cependant, par l'effet de l'éloignement du domicile, la dispense de la seconde publication pourrait différer le mariage de plus de trois jours; qu'ainsi il y a un motif de donner plus de facilité pour l'obtention de la dispense des deux publications.

Le Consul Cambacérés dit que la question est de savoir s'il est utile que la loi ne donne qu'au Gouvernement seul le pouvoir de dispenser des deux publications.

Le C. Boulay dit que la section propose de décider que le pouvoir d'accorder des dispenses n'appartient qu'au Gouvernement; mais qu'il peut déléguer le pouvoir de dispenser de la seconde publication.

Le C. Berlier craint que la faculté d'obtenir la dispense des deux publications ne 'favorise les mariages clandestins.

Le C. Portalis dit que le Gouvernement ne peut être que difficilement trompé dans la concession des dispenses, depuis que les causes d'oppositions sont réduites à deux, qu'il lui est aisé de vérifier.

L'utilité des dispenses a été universellement reconnue dans tous les temps, dans tous les pays, dans tous les cultes : il faut donc en maintenir l'usage. Le Gouvernement doit avoir à cet égard une certaine latitude. Ce pouvoir ne lui serait pas nécessaire si les lois pouvaient statuer matériellement sur tous les cas; mais comme jamais la loi ne pourra se plier à toutes les circonstances, il faut bien une main qui l'assouplisse.

Le C. Berlier dit que la loi doit régler tout ce qui concerne le droit civil.

Le C. Portalis dit que la loi, qui n'a ni yeux ni oreilles, doit pouvoir être modifiée d'après ce que l'équité exige, suivant les circonstances et suivant les inconvéniens qu'elle produit dans les cas particuliers. On a vu des pays bien gouvernés par des hommes sans l'intervention des lois; on n'en a jamais vu régis par les lois sans le concours des hommes.

Le Conseil adopte en principe,

1.º Qu'il y aura des dispenses;

2.º Qu'elles pourront être accordées pour la seconde publication;

3.º Qu'elles ne le seront jamais pour la première.

Le C. Boulay dit que, d'après cette décision, la

loi peut dire que le Gouvernement délivrera les dispenses ou par lui-même, ou par ses préposés.

L'article VI est soumis à la discussion ; il est ainsi conçu :
« Le mariage sera célébré devant l'officier civil du
» domicile de l'une des deux parties. »
Cet article est refondu avec l'article II.

L'article VII est soumis à la discussion ; il est ainsi conçu :
« L'acte de célébration sera inscrit sur le registre
» destiné à cet effet, et non sur une feuille volante. »
Cet article est retranché, parce qu'il répète des dispositions comprises dans le chapitre relatif aux actes de l'état civil.

L'article VIII est soumis à la discussion ; il est ainsi conçu :
« Le mariage contracté en pays étranger entre Français,
» et entre français et étranger, sera valable s'il a été
» célébré dans les formes usitées dans le pays, pourvu
» qu'il ait été précédé des publications prescrites par
» l'article .... , et qu'il n'ait point été contracté en
» contravention aux dispositions contenues au chapitre
» I.er du présent titre.
» Et néanmoins le mariage contracté en pays étranger
» entre Français, ne sera valable qu'autant qu'avant la
» célébration l'une des deux parties contractantes y
» résiderait depuis six mois. »

Le C. RÉAL dit que les tribunaux ont craint que cet article ne favorisât les fraudes qui peuvent se commettre par le moyen de la transmigration, et que, pour les prévenir, la section a cru devoir exiger la condition de six mois de résidence chez l'étranger.

Les dispositions de la I.re partie de l'article tendent à empêcher qu'un Français ne s'autorise des lois étrangères.

Le C. REGNAUD (de Saint-Jean-d'Angely) dit que cette partie de l'article ne remplit pas les intentions de la section, puisque l'inobservation des formes n'est pas la seule contravention aux lois françaises qu'on puisse se permettre.

Le C. RÉAL répond que l'idée de la section est

rendue, attendu que les dispositions fondamentales in-
dépendantes des formalités sont consignées dans le
chapitre Ier, auquel l'article renvoie.

Le PREMIER CONSUL dit que l'article est trop
général ; que par exemple le chapitre Ier, auquel il renvoie, ne permet pas aux filles de se marier avant l'âge
de quinze ans, et que cependant aux Indes il est impossible de ne pas avancer cette faculté.

Le C. TRONCHET dit qu'un Français demeure
soumis aux lois de son pays par rapport au mariage ;
mais que ces lois ne s'étendent pas à l'étrangère qu'il
épouse ; qu'ainsi il lui est permis de prendre une fille à
qui les lois du pays où il se trouve donnent la capacité
de se marier ; qu'en conséquence il convient de rédiger
l'article de manière à faire apercevoir qu'il ne concerne
que les Français.

Le C. DEFERMON observe que le climat influe également sur les enfans de Français ; la disposition doit être
étendue jusqu'à eux.

Le C. RÉAL dit qu'il sera nécessaire de faire au
Code civil, en général, les exceptions qu'exigera la diffé-
rence des climats et des habitudes dans les contrées sépa-
rées du continent.

L'amendement du C. *Tronchet* est adopté.

Le C. CRÉTET dit qu'il est difficile d'exiger qu'un
Français qui réside depuis long-temps dans l'étranger
envoie publier son mariage à son domicile en France.

Le C. REAL dit que le dispenser de cette formalité,
ce serait le dispenser aussi de prendre le consentement
de sa famille lorsqu'il est mineur.

Le C. PORTALIS ajoute qu'on a l'exemple de
doubles mariages contractés, l'un en France, l'autre dans
l'étranger.

Le C. TRONCHET dit que dispenser le Français
résidant dans l'étranger de faire publier son mariage en
France, ce ne serait point violer la disposition relative
au consentement de la famille. Il faut en effet saisir
l'ensemble du Projet de loi. Or, on verra par la suite
que le défaut de consentement de la famille n'annulle
absolument le mariage que lorsqu'il y a d'autres vices.

Le Premier Consul demande s'il est permis à un Français de prendre domicile en pays étranger.

Le C. Tronchet pense qu'un Français établi chez l'étranger, et qui ne s'est pas réservé d'habitation en France, n'y a pas de domicile; qu'il devient donc impossible alors de publier son mariage en France, à moins qu'on ne décide que la publication se fera au dernier domicile connu.

Le Premier Consul dit qu'il faut aller plus loin, et voir les Français qui, sans cesser de l'être, sont établis dans le Levant depuis plus de trente années.

Le C. Portalis dit que, d'après la raison alléguée par le C. *Tronchet*, ils ne sont pas obligés de faire publier leur mariage en France.

Le Premier Consul demande pourquoi on ne laisserait pas les Français suivre, à l'égard de leur mariage, les lois du pays où ils se trouvent.

Le C. Réal répond qu'avec cette faculté ils pourraient se marier au degré prohibé et sans le consentement de leur père.

Le C. Tronchet rappelle que la formalité de la publication est fondée sur le principe qu'il vaut mieux prévenir un mariage vicieux que de l'annuller après qu'il est contracté : ainsi la publicité des mariages se lie à l'intérêt public.

Le Premier Consul dit que c'est aussi pour que l'omission des publications ne prépare pas une nullité, qu'il convient de ne les pas ordonner lorsqu'elles sont impossibles, et qu'évidemment elles ne seraient pas faites : il faut donc se borner à exiger les conditions prescrites par le chapitre I.er

Le C. Tronchet dit que la formalité des publications est établie précisément pour empêcher les contraventions aux dispositions de ce chapitre.

Le Premier Consul demande pourquoi le Projet ne s'explique pas sur les mariages contractés en France par des étrangers.

Le C. Réal répond que c'est parce qu'un article du titre décide en général que les étrangers résidant en France sont soumis aux lois françaises.

Le PREMIER CONSUL dit que la seconde partie de l'article est inutile, puisque l'article exige en général que les publications soient faites au lieu du domicile, indépendamment du lieu où l'individu a six mois de résidence.

Le CONSEIL adopte la première partie de l'article.

La seconde est retranchée, d'après la réflexion faite par le Premier Consul.

L'art. IX est soumis à la discussion ; il est ainsi conçu :
« Trois mois après le retour du Français sur le terri-
» toire de la République, l'acte de célébration du ma-
» riage contracté en pays étranger sera transcrit sur le
» registre public des mariages du lieu de son domicile. »

Le C. DEFERMON demande pourquoi l'exécution de cet article n'est pas assurée par une disposition pénale.

Le C. RÉAL répond que cette disposition pénale n'appartient pas au Code civil, et que sa place naturelle est dans les lois sur l'enregistrement, où déjà elle se trouve.

Le C. TRONCHET voudrait que la peine de la contravention fût une amende, indépendamment du double droit.

L'article est adopté.

Le C. RÉAL présente le chapitre III, intitulé, *des Oppositions aux mariages et des Demandes en nullité.*

La discussion est ouverte sur la section Ire, intitulée, *des Oppositions aux mariages.*

L'article Ier est ainsi conçu :
« Le père, et à son défaut la mère, et à leur défaut les
» aïeuls et aïeules, peuvent former opposition au ma-
» riage de leurs enfans et descendans, encore que ceux-ci
» aient vingt-cinq ans accomplis. »

Le CONSUL LEBRUN dit que la rédaction n'est pas assez claire ; qu'il faudrait dire : « Le père, et à son
» défaut, la mère ; au défaut du père et de la mère,
» les aïeuls, et au défaut d'aïeuls, les aïeules peuvent, &c.

L'article est adopté avec cet amendement.

L'article II est soumis à la discussion ; il est ainsi conçu :
« A défaut d'aucuns ascendans, l'oncle ou la tante,

» le frère ou la sœur, le cousin ou la cousine germains,
» majeurs, ne peuvent former opposition que dans les
» deux cas suivans :
» 1.º Lorsque le consentement du conseil de famille,
» requis par l'article. . ., n'a pas été obtenu ou suppléé,
» conformément à l'article. . . .
» 2.º Lorsque l'opposition est fondée sur l'état de
» démence du parent ; et cette opposition n'est reçue
» qu'à la charge, par l'opposant, de provoquer l'inter-
» diction , et d'y faire statuer dans le délai qui sera fixé
» par le jugement. »

Le PREMIER CONSUL demande si les personnes
désignées par cet article peuvent former opposition, indépendamment l'une de l'autre, ou si elles n'ont ce
droit que concurremment.

Le C. TRONCHET répond que la nature des deux
causes qui autorisent des oppositions , rendent l'alter-
native indifférente.

Le C. DEFERMON demande la suppression de la
disposition qui porte que l'opposant sera tenu de provoquer l'interdiction , parce que cette condition pourrait
devenir un moyen de suspendre le mariage par une opposition fondée sur une fausse supposition de démence ,
et par les retards qu'on mettrait à provoquer l'interdiction.

Le C. TRONCHET répond que le juge, en ce cas,
userait du droit qui lui appartient, de faire comparaître
d'office le prévenu de démence, de l'examiner, et de
prononcer la main-levée de l'opposition, s'il la trouve
mal fondée.

Le C. BOULAY ajoute que , d'ailleurs, l'article
n'oblige pas celui sur qui l'opposition est formée,
d'attendre l'opposant , et qu'il lui est libre de se pourvoir.

Le C. TRONCHET dit qu'il est libre aux tribunaux
de ne pas recevoir l'opposition , et d'ordonner qu'on
passera outre; mais pour ne laisser aucune équivoque, la
loi pourrait exprimer cette faculté.

L'article est adopté , avec l'amendement du C. *Tronchet.*

L'article III est soumis à la discussion ; il est ainsi
conçu :
« La personne engagée par mariage avec l'une des
» parties , est encore reçue à former opposition. »

Le Consul Cambacérés propose de refondre cet article avec les articles précédens, et de n'en faire qu'un article unique qui serait rédigé ainsi :

« L'opposition au mariage est accordée, 1.° au
» père, &c. »

L'article est adopté avec cet amendement.

L'article IV est soumis à la discussion ; il est ainsi conçu :

« Tout opposant sera tenu d'élire domicile dans le
» lieu où le mariage doit être célébré. »

Le C. Defermon observe que les opposans ignoreront le lieu où le mariage doit être célébré ; qu'il serait donc préférable de leur permettre d'élire domicile dans le lieu où se trouve celui au mariage duquel ils forment opposition.

Le C. Boulay répond que les publications énoncent le lieu de la célébration du mariage.

Le C. Emmery ajoute que pour assurer l'effet de son opposition, l'opposant ne manquera pas de la former également et au domicile du futur époux et au domicile de la future épouse.

L'amendement du C. *Defermon* est rejeté, et l'article adopté.

Les articles V et VI sont adoptés ainsi qu'il suit :

Art. V. « La demande en main-levée d'opposition
» sera portée devant les tribunaux ordinaires.

» Le délai pour la conciliation sera de trois jours.

» Le tribunal de première instance prononcera dans
» la décade.

» Et s'il y a appel, il sera statué, dans la décade de
» la citation, et sans qu'il soit besoin de recourir à
» conciliation. »

Art. VI. « Si l'opposition est rejetée, les opposans,
» autres que les ascendans, pourront être condamnés
» en des dommages et intérêts. »

Le C. Réal présente la seconde section du chapitre
» intitulé *des Demandes en nullité de mariage.* »

L'article I.er est adopté ; il est ainsi conçu :

« La nullité résultant de ce qu'un mariage aurait été
» contracté avant que les époux eussent atteint l'âge

» requis par la loi, peut être réclamée par les époux ou
» l'un d'eux.

» Ils sont non recevables à la demander, 1.° s'il s'est
» écoulé six mois depuis l'âge exigé par l'article . . . ;

» 2.° Si la femme a conçu avant l'époque de la
» réclamation. »

L'article II est soumis à la discussion ; il est ainsi
conçu :

» La nullité résultant de ce qu'un mariage a été
» contracté par l'effet d'un rapt ou de la violence
» exercée envers l'un des époux, peut être invoquée
» soit par celui des époux qui a subi cette violence,
» soit par ses père et mère, aïeul ou aïeule.

» Néanmoins la demande n'en pourra être admise s'il
» y a des enfans vivans, ou si, quoiqu'il n'y ait pas
» d'enfans vivans, les époux ont cohabité pendant une
» année révolue, et s'il n'y a pas preuve de la conti-
» nuation de violence. »

Le C. MALEVILLE demande pourquoi le conseil de
famille n'exercerait pas les droits des ascendans lorsqu'ils
sont morts.

Le PREMIER CONSUL dit qu'il faut d'abord con-
venir du principe : admettra - t - on l'allégation de la
violence, sur-tout à l'égard de l'homme, lorsque le
mariage est consommé !

Le C. TRONCHET dit que la preuve de la consommation du mariage serait aussi contraire aux mœurs
qu'elle est impossible ; que d'ailleurs la violence va
jusque-là.

Le PREMIER CONSUL dit que, dans le principe,
il n'y a point de contrat s'il y a violence, mais que la
consommation du mariage forme le contrat par les sens ;
qu'en effet la difficulté est de la constater.

L'indice le plus clair est la procréation des enfans :
cependant le mari peut soutenir qu'il n'en est pas le
père ; ainsi la grossesse ne donne qu'une preuve incer-
taine.

Le C. BOULAY dit que la section admet aussi que
la volonté et le consentement tacite peuvent effacer le
vice de violence, qui, dans le principe, détruisait la
validité du mariage ; que, sous ce rapport, elle a admis

deux exceptions ; savoir, la cohabitation continuée, et la survenance d'enfans.

Le Consul Cambacérés dit que la loi pourrait ne pas entrer dans tous ces détails, et laisser au juge à prononcer d'après les circonstances et les faits particuliers ; qu'il suffit de n'ouvrir les réclamations qu'aux pères et aux mères, afin d'exclure les collatéraux.

Le C. Réal dit que la section n'a fait que rédiger en projet de loi la jurisprudence existante.

Le Consul Cambacérés dit que les tribunaux suivent d'eux-mêmes cette jurisprudence.

Le Premier Consul dit que la jurisprudence est le résultat composé d'une foule de dispositions; qu'ainsi, si la loi devait la reproduire, il faudrait que ses articles fussent multipliés à l'infini.

Le C. Tronchet partage l'opinion du Consul *Cambacérés* : dans ces matières, dit-il, tout dépend des circonstances et des faits. On peut donc se borner à dire que le recours ne demeurera ouvert que tant que la continuation de la violence sera prouvée.

Le Premier Consul propose de donner encore un terme de trois mois après la cessation de la violence.

Le C. Tronchet adopte cet amendement.

Le Premier Consul fait une autre observation : il dit qu'il faut distinguer la violence dont l'effet a conduit la personne violentée devant l'officier de l'état civil, de toute autre espèce de violence. Quand la violence a eu cet effet, il y a une apparence de mariage que la cassation doit détruire ; dans les autres cas de violence, il n'y a pas même de mariage.

Le C. Tronchet dit qu'on ne peut concevoir de violence devant l'officier public, qu'autant que l'officier public aurait été violenté lui-même ; mais qu'alors, n'y ayant pas de consentement, il n'y a pas de mariage.

Le Premier Consul répond qu'il entend parler d'une violence morale et cachée, résultant de la faiblesse de l'âge et de la tyrannie des familles : elle peut être telle, qu'elle contraigne la personne violentée à donner un consentement apparent devant l'officier de l'état civil ;

mais comme alors il n'y a pas de consentement réel, il n'y a aussi de mariage qu'en apparence. Le mot *violence* qu'emploie la section, est trop pris dans le sens physique; il serait bon de trouver un terme plus générique.

Le C. RÉAL dit que la section n'a pas entendu parler du délit de violence ni en établir la preuve ; que son objet a été de désigner ceux qui pourraient réclamer contre le mariage, lorsqu'il y aurait eu violence.

La première partie de l'article est adoptée.

La seconde est supprimée.

L'art. III est soumis à la discussion; il est ainsi conçu :

« La nullité résultant de ce que, dans un mariage, il
» y a eu erreur sur la personne que l'une des deux parties
» avait intention d'épouser, n'appartient qu'à celui des
» époux qui a été dans l'erreur; elle est couverte par trois
» mois de cohabitation. »

Le C. FOURCROY pense qu'il ne faut pas trois mois pour reconnaître la supposition de personne.

Le PREMIER CONSUL dit que ce terme n'est pas trop long, puisque l'identité dont il s'agit n'est pas seulement l'identité physique, mais encore l'identité morale du nom, de l'état, et des autres circonstances qui ont déterminé le choix de la personne : peut-être même que l'erreur ne devrait être couverte par aucun laps de temps; car tout contrat frauduleux est essentiellement faux.

Le C. TRONCHET dit que la nullité venant alors du défaut de consentement, le recours doit être ouvert indéfiniment et tant que l'erreur subsiste, sur-tout dans le système où l'on a égard à l'erreur sur le nom, sur l'état, enfin sur l'identité morale.

Le PREMIER CONSUL dit que cependant la moralité pourrait défendre la dissolution du mariage contracté par erreur avec une aventurière, si, par une bonne conduite long-temps soutenue, elle avait fait le bonheur de son mari.

Le C. TRONCHET répond que si le mari est satisfait de son épouse, il ne fera pas valoir la nullité de son mariage.

Au surplus, en y réfléchissant, on conçoit que l'intérêt des enfans doit faire mettre un terme à la faculté de la réclamer.

Le CONSUL CAMBACÉRÉS dit que cette disposition rencontrera de grandes difficultés dans la pratique. La femme prétendra qu'elle s'est fait connaître à son mari ; et le mari sera réduit à l'impuissance de prouver qu'il a été trompé.

Le PREMIER CONSUL dit que le nom et les qualités civiles tiennent aux idées sociales ; mais qu'il y a quelque chose de plus réel dans les qualités morales, comme l'honnêteté, la douceur, l'amour du travail et autres semblables. Si ces qualités doivent influer beaucoup sur le choix d'une épouse, pourra-t-on dire que celui-là a été trompé, qui les trouve dans la personne qu'il s'est associée, quoiqu'il se soit mépris sur de simples accessoires !

Le C. TRONCHET dit qu'on ne peut pas supposer de vertu dans celle qui s'est présentée sous le nom d'une autre.

Le PREMIER CONSUL dit qu'elle peut avoir été de bonne-foi ; que son tuteur peut l'avoir trompée elle-même, et qu'elle peut n'avoir connu son véritable état que long-temps après son mariage.

Le C. TRONCHET dit que, dans ce cas, l'erreur ne tombe pas sur l'individu, mais sur ses qualités.

Le PREMIER CONSUL dit qu'il n'y a pas véritablement d'erreur sur la personne, quand l'individu qu'on a épousé était physiquement présent au moment où on donnait son consentement : il n'y a de véritable erreur de personne que quand un individu est substitué physiquement à un individu ; et alors seulement le mariage est radicalement nul. L'erreur sur les qualités ne doit pas vicier le mariage, lorsqu'elle ne procède pas du fait de l'individu sur lequel elle tombe ; ainsi l'article confond mal-à-propos ces diverses sortes d'erreurs.

Le C. TRONCHET dit qu'il a été reconnu que l'erreur annulle le mariage ; qu'il ne s'agit plus maintenant que de savoir dans quel cas elle opère cet effet. Or l'erreur dépendant de circonstances qui se diversifient tellement à l'infini que la loi ne peut toutes les embrasser, la loi ne doit poser que le principe, et ne pas aller jusqu'à déterminer les divers cas où il y a erreur.

Le PREMIER CONSUL dit que lorsqu'il y a erreur physique, elle opère toujours, et dans tous les temps,

la nullité du mariage ; que cependant, comme le mariage existe en apparence , il faut que l'autorité prononce qu'il n'existe pas réellement. Si, au contraire, l'erreur ne porte que sur les qualités, et qu'il n'y ait pas de fraude de la part de l'individu sur lequel elle porte, le temps et la survenance d'enfans doivent couvrir le vice originaire du mariage, parce que ces circonstances indiquent qu'il a été effacé par un consentement postérieur.

Il faut que la loi explique et distingue toutes ces choses ; et c'est ce que l'article ne fait pas. On n'entend pas ce qu'il appelle *erreur de personne.*

Le C. BOULAY dit que l'article n'est destiné qu'à poser le principe.

Le C. THIBAUDEAU dit que, dans l'article, la section raisonne , non dans l'ordre naturel , mais dans l'ordre social, où les qualités civiles entrent dans la composition de ce qu'on appelle *la personne.*

Le C. TRONCHET dit que les tribunaux ont demandé qu'on évitât le mot *personne*, et qu'on se servît du mot *individu.*

Le C. PORTALIS dit que l'embarras vient de ce qu'on fait une destinction entre l'erreur de personne et l'erreur de qualités. Ici ces deux erreurs se confondent. Les qualités civiles se lient si étroitement à l'existence des individus dans la société, qu'un individu est réellement substitué à un autre toutes les fois qu'il n'a pas les qualités civiles qui caractérisent ce dernier : l'objection ne tombe donc plus que sur l'expression ; mais comme en ce sens le mot *personne* n'est pas synonyme au mot *individu* , la loi ne peut l'employer.

Maintenant voici la distinction qu'on peut faire : si celui des deux époux sur lequel tombe l'erreur n'en est pas complice, il doit jouir de l'honneur que porte avec soi le mariage légitime et le communiquer à ses enfans, quoique son mariage ne laisse pas d'être nul ; car il n'y a pas de mariage lorsque l'erreur de l'une des parties empêche qu'il n'y ait eu de consentement mutuel. La fin de non-recevoir tirée du consentement tacite et postérieur , ne doit commencer que du jour où la fraude est découverte.

On pourrait donc dire dans l'article, qu'un délai de trois mois, à dater du jour où l'erreur est découverte, valide le mariage toutes les fois qu'il n'y a point de fraude de la part de l'époux sur lequel porte l'erreur ; que dans ce dernier cas, le délai commence du jour où la fraude est découverte.

Le PREMIER CONSUL voudrait que le mariage fût déclaré nul toutes les fois 1.º qu'il y aurait erreur sur l'indentité de l'individu ; 2.º qu'il y aurait erreur sur la famille, et que l'individu en serait complice ; que, dans tous ces cas, le mariage fût valable s'il était consommé et qu'il en fût né des enfans.

L'article est renvoyé à un nouvel examen de la section.

L'article IV est adopté ; il est ainsi conçu :

« La nullité résultant de ce qu'un mariage a été
» contracté par un interdit pour démence ou fureur,
» ou par un sourd-muet, peut être réclamée par les
» père et mère, aïeul et aïeule, ou curateur de l'interdit
» ou du sourd-muet. »

L'article V porte :

« La nullité résultant de ce qu'un mariage aurait
» été contracté avant la dissolution légale d'un premier
» mariage d'un des époux, peut être réclamée par l'époux
» qui était libre, par ses père et mère, ou aïeul et
» aïeule, et par le ministère public. »

Le C. BIGOT-PRÉAMENEU dit qu'on a trop resserré le droit de réclamer la nullité du second mariage : il doit appartenir non-seulement à celui des époux qui se trouvait lié par le premier mariage, mais encore aux enfans qui en sont issus, mais au bigame lui-même ; car il faut qu'il puisse réparer le délit qu'il a commis.

Le C. EMMERRY dit qu'il serait inconvenant qu'une femme, que des enfans eussent une action criminelle contre leur mari ou leur père ; qu'il ne le serait pas moins que le bigame pût venir arguer de sa propre turpitude ; et que, pour éviter ces inconvéniens, la section avait cru devoir autoriser le ministère public à intervenir, parce que toutes ces personnes à qui la pudeur semble interdire la faculté d'actionner, pourraient exciter la partie publique.

Le MINISTRE DE LA JUSTICE demande la suppresion de l'article, parce qu'il donne à une nullité absolue le caractère d'une nullité simplement relative.

Le C. **Portalis** dit que l'action civile contre le second mariage doit être ouverte à tous ceux qui ont intérêt de l'attaquer. En effet, si le premier mariage était vicieux, le second serait régulier ; et le second n'est vicieux que lorsque le premier ne l'est pas : ainsi le débat peut s'ouvrir sur cette double question, qui sous ce rapport est purement civile.

Le délit de celui qui est devenu bigame, du moins par l'intention, présente une question différente, laquelle seule appartient au droit criminel. Ces motifs justifient l'opinion du C. *Bigot-Préameneu.*

Le **Ministre de la Justice** partage cet avis ; mais il attaque le rédaction, parce qu'elle ne présente pas ce sens et qu'elle est trop générale. Il propose de dire « avant la dissolution légale d'un premier mariage » déjà attaqué. »

Le C. **Portalis** observe qu'un mariage peut être nul quoiqu'il ne soit pas attaqué, et qu'il ne le sera peut-être que quand on attaquera le second ; que d'un autre côté, l'empêchement dirimant qu'il formait à un second mariage, disparaîtra s'il est cassé ; que cependant il devait agir sur la conscience de l'homme et l'empêcher de contracter un mariage nouveau.

L'article est adopté avec l'amendement du C. *Bigot-Préameneu.*

L'article VI est adopté ; il est ainsi conçu :

» La nullité résultant de ce qu'un mariage aurait
» été contracté entre parens ou alliés aux degrés pro-
» hibés, peut être réclamée par les époux ou l'un
» d'eux, par leurs père et mère, ou aïeul et aïeule,
» par leurs frères et sœurs, et même par le ministère
» public, dans le cas où il n'échoit pas d'accorder
» des dispenses. »

La Séance est levée.

À PARIS, DE L'IMPRIMERIE DE LA RÉPUBLIQUE.
14 Brumaire an X.